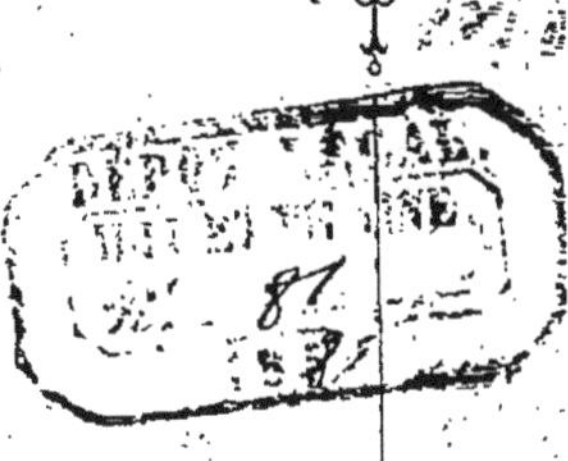

LE

Centenaire d'une Crise

1889

RENNES

H.te CAILLIÈRE, LIBRAIRE-ÉDITEUR

2, PLACE DU PALAIS, 2

1889

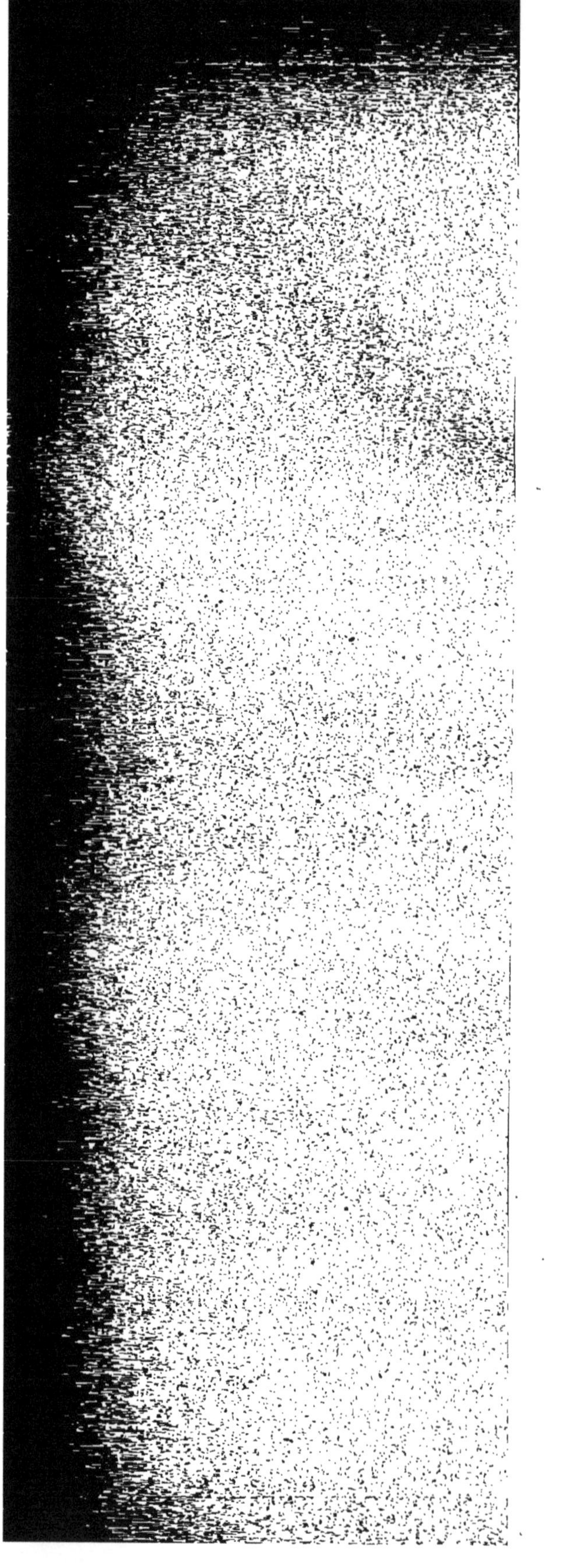

LE
Centenaire d'une Crise

1889

RENNES

H^the CAILLIÈRE, LIBRAIRE-ÉDITEUR

2, PLACE DU PALAIS, 2

1889

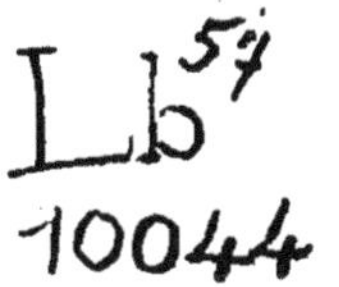

Avant-Propos

Quand un cyclone s'élève de la terre, et menace de rejoindre la nue qui gronde en multipliant les éclairs, n'est-il pas bon de voir d'où vient l'orage, afin de le conjurer.

Aujourd'hui le duel est entre l'homme et Dieu, droit au-dessus d'un abîme : c'est une crise universelle et sociale qui grandit à vue d'œil. Que nous disent les échos du ciel et ceux de la terre ? D'où peut nous venir le salut dans cette angoisse ?

LE

Centenaire d'une Crise

1889

Pourquoi les fêtes du Centenaire en 1889 ? — 1789 fut une époque de crise sociale. — L'Exposition universelle de Paris et ses merveilles. — La tour Eiffel et les étrangers. — Les merveilles de notre histoire de France. — Action de la Providence en faveur de notre patrie. — La crise actuelle en 1889. — Impuissance de la politique. — Qui nous sauvera de l'abîme ?

PUISQUE nous sommes Français, et que nos gouvernants d'aujourd'hui proposent au monde entier des fêtes en l'honneur de 1789, comme souvenir d'une heureuse époque, voyons ce que l'histoire nous dit de ce temps-là.

1789 fut une année de crise pour les esprits, les intérêts matériels, la religion et la politique. Le désarroi s'accusait tellement dans toute la France, que chacun réclamait des réformes ; tel fut, d'après tous les

historiens, le motif qui provoqua la convocation d'É-
tats généraux, comme remède à tant de souffrances.
Cet expédient fut-il efficace ? C'est ce qu'il importe
d'examiner avant de nous réjouir.

Il y avait alors sur le trône de saint Louis, cet ami
du peuple au moyen âge, un souverain pieux, honnête
et débonnaire, Louis XVI. Celui-là fut vraiment le père
de ses sujets, jusque sur l'échafaud, que la révolution
lui dressa dans Paris même. Ses ambitieux bourreaux
abolirent la Royauté, pour fonder une *République* dont
ils seraient seuls chefs ; et, pour y parvenir plus sûre-
ment, ils prétendirent supprimer d'un même coup la
vieille société par la guillotine, en faisant table rase. Les
abus n'étaient qu'un prétexte à cette radicale transfor-
mation du pays.

D'impies écrivains, comme Voltaire, Rousseau, Da-
lembert et Diderot, avaient préparé les voies au socia-
lisme par des écrits sceptiques et antireligieux. Ils com-
mencèrent par nier Dieu, dont ils fermèrent les tem-
ples, avant d'immoler dans les supplices plus de deux
cent mille Français. — Gorgés de sang, grisés d'orgies,
les tribuns finirent par s'égorger entre eux à tour de rôle ;
jusqu'à ce qu'enfin un soldat de génie, balayant le reste
de ces scélérats, se proclama tout à coup : l'*Empereur
Napoléon I*er.

Tels furent le début, l'esprit, la manière d'être et la
fin de la révolution de 1789.

Ces agitations ruineuses et sanglantes nous valurent,

après l'Empire, une *Restauration* amoindrie ; des factions nouvelles parmi le peuple, avec la *Royauté libérale* de 1830 ; une seconde *République* de transition ; un deuxième *Empire* moins glorieux que le premier, mais non moins désastreux en sa chute ; puis la *Commune sanglante* de Paris ; enfin, la troisième *République*, établie par surprise devant l'Allemagne sur nos foyers.

Cette dernière expérience, satisfaisante pour ceux qui émargent à notre budget, nous coûte déjà seize milliards de dettes ; et, dit un savant financier (M. le Trésor de la Roque), neuf années nous séparent encore de la banqueroute nationale !

En résumé, sommes-nous plus heureux maintenant qu'en 1789, pour ce Centenaire ? Les hommes sont-ils moins divisés et le peuple content avec son droit électoral, deux Chambres politiques et les grèves ? Tout le monde réclame à hauts cris et dit que c'est : *une crise !* Est-ce que nous reviendrions, comme progrès, à la crise de 1789, cent ans en arrière ! Les riches se ruinent, les faillites se multiplient, les pauvres pullulent aux campagnes comme dans les villes, et tous veulent émarger aux finances de l'État. Enfin, chacun invoque d'urgentes réformes, *un sauveur !*

Hélas ! constamment l'homme s'agite, mais toujours Dieu le mène, et quand il veut le châtier de son orgueil, il le livre à ses propres erreurs, jusqu'à ce qu'il supplie le ciel.

Dieu nous garde de dénigrer jamais la France, ou de

lui contester injustement ses gloires dans l'industrie, le travail, les sciences, les lettres, les arts et l'armée. Toujours noble, féconde en son activité, comme dans ses prodigieuses ressources, jusque dans ses plus grands revers, nous la saluons avec enthousiasme : c'est notre bien-aimée Patrie !

Elle est admirable assurément en sa grande Exposition de 1889, autant par ses produits eux-mêmes, que par ceux qui les ont si bien fait valoir ; mais quel regret nous éprouvons d'admirer ce beau corps sans âme ; un talent qui ne s'élève pas au ciel, même par le moindre signe ! La France officielle n'oublie que Dieu dans toute cette œuvre ; Dieu, le grand ingénieur de l'Univers, sur une terre qui roule sous sa main : à la lumière d'un soleil qu'il a créé d'un seul mot. Edison [1] nous a relevé cette faute en lui inscrivant son hommage au sommet de notre tour Eiffel à laquelle il manque, pour sa couronne, la croix de notre salut.

Écoutez le sage conseil que donne à notre pays un homme d'État, Lord Gladstone, en répondant au toast porté par des Français, en son honneur, à l'hôtel Continental : « *Je souhaite que la France ne manque jamais à*

---

[1] Voici les lignes écrites par M. Edison, le célèbre électricien, sur le livre d'or de la tour Eiffel :

« Du sommet de la tour Eiffel, 10 septembre 1889.

« A M. Eiffel, l'ingénieur, le courageux constructeur du spécimen si « gigantesque et si original de l'art de l'ingénieur moderne, un homme « qui a le plus grand respect et la plus grande admiration pour tous les « ingénieurs, y compris le plus grand d'entre eux, le bon Dieu !

« Thomas A. Edison. »

son grand rôle et ne perde jamais sa place dans la marche de l'humanité chrétienne et civilisée, vers le but que doit rechercher tout homme de sens et de bonne volonté.

Oui, si cela m'était permis, je dirais à tous les Français : « *Ne commettez pas la faute de déchoir : ne facias tuâ culpâ minores.* »

Ne vous semble-t-il pas humiliant d'être rappelés, chez vous, par deux étrangers illustres, un Américain et un Anglais protestants, au respect de Dieu ?

O vous, qui êtes si fiers de votre fameuse tour, moins prodigieuse cependant que celle de Babel, montez au sommet de sa plus haute plate-forme ; prenez de là, si vous le pouvez, votre essor en un de vos ballons perfectionnés, jusqu'au-dessus des nuages : alors vous verrez ce que vous paraissent en bas l'homme et ses œuvres, devant les astres, le ciel et Dieu tout-puissant ! Encore votre vue sera-t-elle trop faible en face de l'infini qui vous écrase par ses grandeurs.

Qu'elle est froide, même sur de vastes décors de théâtre montés à grands frais, malgré le concours d'une multitude de choristes, la fameuse *Ode à la République !* Je lui préfère de beaucoup la voix de l'oiseau, qui chante sans exercice et tout d'une haleine, son gracieux hymne du matin. Et si vous aimez la Patrie, n'applaudirez-vous pas encore mieux la mâle éloquence de ses Évêques, revendiquant fièrement leur titre de citoyens, au nom de la liberté chrétienne ? Quand le festival du Centenaire aura pris fin, et que le pauvre versera des larmes sur sa misère, là-haut sous les toits où il campe, la voix de ses Pontifes lui reviendra doucement à l'oreille pour le consoler ; leur charité sans partage lui rappellera que le monde passe, mais que l'Église demeure au chevet de ceux qui souffrent ; et alors, il acclamera Dieu plutôt que votre politique. L'homme est né pour la vérité ! Vous travestissez même l'histoire.

Nous admirons, il est vrai, les riches palais, l'ingénieux agencement d'un parc de verdure, ou bien une simple grotte aux flancs agrestes ; d'autres fois, les splendeurs du langage nous séduisent, comme la musique nous transporte : mais quelle différence de l'homme lui-même à toutes ses œuvres ! Là seulement, en effet, c'est la simple végétation ou la nature muette ; tandis que l'homme veut, agit et raisonne. Et l'homme se sent tellement immortel en son âme, qu'il essaie de se survivre, même ici-bas, où il ne fait que passer.

Voilà pourquoi des conquérants livrent des batailles et dirigent des armées ; mais la victoire laisse après elle des morts, des blessés et des larmes, en attendant l'oubli du vainqueur au sépulcre. — Le savant se consume en veilles à l'étude, et ses écrits restent, quand ils émanent d'un génie ; combien plus vivent cependant les hommes dans la mémoire des âges, par d'incontestables bienfaits !

Sous ce rapport, la France ne doit rien envier aux autres peuples, à aucune époque. Qui pourrait oublier les noms de Charlemagne, de Philippe-Auguste, de saint Louis, de Charles VII, d'Henri IV, de Louis XIII, de Louis XIV et de Louis XVI, qui mourut en pardonnant à ses ennemis?

Faut-il encore mentionner des illustrations comme saint Éloi, Suger, saint Bernard, Robert de Sorbon, Pierre d'Ailli, Gerson, saint Vincent de Paul, Richelieu, Bossuet, Fénelon, Bourdaloue, Maury, Gousset, Lavigerie? Des volumes entiers ne suffiraient pas à enregistrer toutes nos gloires : la France produisit de grands papes comme Silvestre II, Urbain II; des chevaliers comme Bayard; des guerriers comme du Guesclin, Turenne et Condé. Napoléon fut enfin, dans nos temps modernes, pour notre armée un astre brillant, que Dieu fit surgir de la Corse pour l'éteindre à son heure dans une autre île, Sainte-Hélène, quand sa mission providentielle fut accomplie; car dans l'univers rien n'arrive sans la permission du Créateur.

Qu'elle fut grande surtout pour notre Patrie, cette Providence Divine, quand elle nous préserva constamment des hérésies ou des schismes, des coalitions étrangères ou de nos propres révolutions! Depuis que l'eau sainte et le chrême ont coulé sur le front des Francs-Saliens, jamais la France n'a renié sa Foi. Ni les Vaudois ni les Albigeois au moyen âge, ni la réforme protestante, ni la mauvaise philosophie, ni les échafauds, même aux époques les plus troublées, n'ont pu la déchristianiser. L'État devenu libre-penseur n'a pas éteint nos croyances en fermant ses écoles au prêtre ; la foi du peuple grandit avec les persécutions. Il a recueilli ses enfants en de nouveaux asiles, au prix même de ses sueurs ; et il vénère la croix, quand même !

Cependant quel danger ne courut-il point, quand Henri III laissa pour héritier de sa couronne un protestant béarnais, le roi de Navarre ? Mais Dieu le convertit aussitôt pour en faire notre Henri le Grand.

Louis XIV, aveuglé par sa gloire, assemblait, en 1682, un concile national pour s'affranchir de Rome et contester l'autorité du pape sur l'Église dans son royaume, comme l'essaya jadis Philippe le Bel par ses légistes. Mais le mal ne prévalut pas davantage alors, qu'au concile assemblé plus tard à Paris, par l'Empereur Napoléon contre Pie VII. Dieu changea tout à coup le cœur de ces souverains pour les ramener à la droiture.

Enfin, en des temps plus rapprochés de nous, quand Napoléon III livra Pie IX à ses ennemis d'Italie, méditant d'établir en France une suprématie religieuse indépendante du Saint-Siège, Dieu se servit de la Prusse pour nous châtier, tout en nous préservant d'un nouveau schisme ; ainsi le bien naît souvent d'un mal même, entre les mains de la Providence.

Tout cela ne doit-il pas arrêter nos murmures, devant la crise de 1889 ? Ouvrons les yeux à l'expérience et réformons nos erreurs passées en opposant la vérité au mensonge ; la simplicité des mœurs aux excès du luxe, et la vraie piété à l'indifférence.

Au mois d'octobre dernier, la France s'est retournée sur sa dure couche, pour un scrutin de *ballotage*... Elle avait parlé déjà, mais on avait feint de ne pas la comprendre : elle a voté fiévreusement de nouveau, sans perdre courage.

Toutefois elle ne se trouve point heureuse : elle éprouve comme la terreur d'un ouragan qui la menace, au dedans et au dehors. Voici venir vers le pouvoir des bandes faméliques : si elle allait encore payer trop cher de nouvelles expériences sur sa vie?... Depuis long-temps déjà sévit pour elle la *crise aiguë*... La fraude est partout, dans les cœurs, sur la bouche et dans les écrits : les magistrats sont révocables à discrétion du bon plai-sir, et le vol cesse d'être un délit en prenant le nom *d'industrie*. Il y a partout la chasse à l'or et aux hon-neurs, sous toutes les formes, par tout chemin : l'on court en train de luxe vers la banqueroute, pendant que les enfants se suicident nombreux, devant cet enfer émergé des abîmes.

Voici donc l'heure de remédier promptement au mal : la France le comprend ; ambitieux, prenez garde : elle va crier bientôt avec l'énergie du désespoir : *Assez de l'homme ; rendez-moi Dieu, son espérance et sa religion qui m'ont fait grande autrefois : je le veux, parce que seul il est juste et bon. Il est tout-puissant, voilà mon vrai sauveur !*

Ce cri suprême fléchira la justice divine.

Le catholicisme est bientôt dix-neuf fois centenaire, et cela doit compter en face de nos variations humaines. De nouvelles persécutions lui vaudraient d'autres triomphes. Quel secours nous offre la politique ? Électeurs et candidats, tous passent à tour de rôle et le dernier asile d'un bulletin de vote est la hotte du chiffonnier...

Aux peuples qui veulent vivre sans désastres, le Rédempteur a dit, pour tous les siècles : *Gardez mes commandements : car je suis la voie, la vérité et la vie ! ma parole ne passera jamais.*

Est-ce bien vers là que nous marchons, en voulant tout *laïciser* ? Vous défiez Dieu jusque dans ses tabernacles, le sommant de remonter en son ciel !... Que ferions-nous ici-bas sans lui, sinon comme la feuille séparée de l'arbre, ou la fleur sans sève ni rosée ?

Il n'y a pour tous qu'un sauveur : Jésus-Christ. C'est lui seul qu'il faut chercher toujours.

RENNES, ALPHONSE LE ROY, IMPRIMEUR BREVETÉ.